中国語発音完全攻略

楽しく正しく美しく!

JN069904

メディア
教材
(解説冊子付)

田宮昌子・劉 薇 編著

鉱脈社

目　次

第1課　導入〜中国語について〜

　この教材を含め、日本の大学教育で開設される「中国語」授業では一般的に中華人民共和国（以下、中国）の共通語「普通話」を学ぶことになります。以下、主に中国における定義・規定に基づきながら説明します。「　」内は日本語表記、[　]内は中国語表記、（　）内は中国語の発音表記法であるピンイン（後述）です。

1）中国の言語「中国話」［中国话］（zhōngguóhuà）

　まず、中国は56の民族から構成される多民族国家であり、公式には全ての公民（56民族）が話す言語は、朝鮮族が話す「朝鮮語」もウイグル族が話す「ウイグル語」も全て「中国話」［中国话］（zhōngguóhuà）になりますが、一般には下記の「漢語」や「普通話」とほぼ同義（日本語における「中国語」に当たる）で使用されるのが実情です。

2）中国語で書かれた文章「中文」［中文］（zhōngwén）

　「中文」は中国語の文章の意味ですから、これも上記の公式見解に従えば、各民族の言語表現を含むことになりますが、実際には漢字で表記される文章や文学作品を指します（発話よりも文字表現を指す）。
　また、実際の使用では、下記の「漢語」や「普通話」を指して（日本語における「中国語」に当たる意味で）使われることが多いです（上記の「中国話」より「中文」の方がこの意味で使う頻度が高い）。

3）漢族の言語「漢語」［汉语］(hànyǔ)

　中国の56民族のうち9割以上を占める漢族の言言を「漢語」［汉语］(hànyǔ) と呼びます。よく知られる「北京語」「上海語」「広東語」など、日本国土の26倍に当たる広大な地理的広がりに暮らす漢族がそれぞれの地域で話す地域語は発音などに違いが大きく、互いには通じにくいですが、それら各地の地域語を総称して「漢語」と呼びます。

4）中国の共通語「普通話」［普通话］(pǔtōnghuà)

　各地域の漢族、および56民族が意思疎通するための「共通語」として［普通话］(pǔtōnghuà) が定められました。［普通话］は、発音については北京音を標準音とし、語彙については北方語を基礎語とし、文法については典型的な現代口語文の著作を規範とする、と定められています。

5）現代中国語で用いられる書体「簡体字」［简体字］(jiǎntǐzì)

　表記には漢字を用いますが、書体は「簡体字」［简体字］(jiǎntǐzì) という、画数を少なくして習得を容易にすることを目的とした書体が用いられます。日本で用いられる新字体、台湾などで今も用いられている旧字体「繁体字」とは、画数が少ない文字の場合は書体が同じこともありますが、画数が多くなると書体が異なります。

例）簡体字（jiǎntǐzì）	（日）新字体	繁體字（fántǐzì）
川	川	川
写	写	寫

6）発音の表記「ピンイン」［拼音］（pīnyīn）

　発音の表記には、アルファベットを用いた「ピンイン」［拼音］（pīnyīn）が用いられます。この場合、英語などでの用い方とは異なりますので注意が必要ですが、これから授業で具体的に学んでいきます。

7）音の響きを聞く言語　魅力①音楽性

　中国語の魅力の一つとして音楽性があります。日本語などの他の言語と比較すると相対的に一音が長く、トーン（声調）を持ちます。このため、音の響きを聴くことを特徴とする言語です。

8）グローバルに役立つ言語　魅力②通行範囲の広さ・使用人口の多さ

　中国語の魅力としては、その通行範囲の広さと使用人口の多さもあります（この場合は漢語全体について言う）。公用語として、中国（特別行政区である香港・マカオを含む）および台湾、更にシンガポールで使用されています。チャイナタウンなど中国系コミュニティでの使用は、東南アジアを筆頭に、北米、オセアニア、ヨーロッパ…と主要都市を中心に世界各地に広がりを持ちます。生活に使われるのは漢語の中でも各地の地方語であることが多いですが、ホテルや観光スポットなど出身地の異なる中国人同士がやり取りする施設や場面では中国の共通語［普通話］が概ね通じます。

９）日本語との比較から見る特徴

(1)　音の多さ：日本語音が一般に50音と表現されるのに対し[1]、中国語音は巻末の音節表から分かるようにその約８倍。このため、口形、舌先、呼気などを駆使することになります。

(2)　音の響き：日本語が一音一音が短く、それぞれの音が繋がらない、歯切れの良さを求める点で打楽器的であるのに対し、中国語は一音が長く、そのためトーン（声調）が発生し、更にそれらの音を繋げていくため弦楽器的です。

(3)　形態：日本語が助詞など単語を結びつけ、文法的機能を表現する成分を持つ「膠着語」であるのに対し、中国語は語形変化がなく、助詞など単語を結びつける成分が少ない「孤立語」です。中国語では文法的機能は語順で表現されます。漢文（古典中国語文に返り点と送り仮名を付した日本語訳文）を思い出してみましょう（14ページ「一口メモ」も参照）。

(4)　語順：動詞述語文の場合、日本語の基本語順がSOV（目的語が動詞の前に来る）であるのに対し、中国語は英語と同じく、SVOです。

1　但し、いわゆる「五十音図」には濁音などが含まれていない。

第2課　単母音

　まず単母音から始めます。日本語の口の開け方との違いをここでしっかり習得しましょう。あとに続く複母音は、数は多いですが、これら単母音を組合せることで一気に攻略できます。

第1グループ…ひろ口母音

a

［解説］
　口を**縦に大きく開ける**。**開口度**[2]**が最も大きい音**。そのためこもらない「**明るい**」音が出る。

［ヒント］
　顎を下に下げると考えてもいい。内科の診察で口を開けて声を出す感じ。舌は脱力して自然に下げる。

o

［解説］
　唇に軽く力を入れて丸め、真ん中を人差し指程度開ける。

2　文字通り口を開ける程度。

［ヒント］

　唇にゴムのように弾力を持たせて構える。口の中に小ぶりのゆで卵を横に寝かせて含むイメージでスペースを作る。そこに**音が響くのを聞きながら、やや長め**に発音する。

e

［解説］

　口は**横にわずかに引き、縦にもわずか**に開けて、舌は**やや奥**に引く。

［ヒント］

　「エ」の口で「オ」。発音器官を**ゆるく**使う曖昧な音。口は縦にも横にもゆるく構え、横長の長方形の窓から歯が少し見える感じ。舌はやや奥寄りにゆるく構える。奥に引き**過ぎない**。

第2グループ…**せま口**母音

i（yi）

［解説］

　唇を**横**に思い切り**引く**。

［ヒント］

・口を横に引くため、口内は横に平な形状になる。舌は脱力して前に。

・前に子音が来ない時（声母がゼロの時）は**yi**と綴る。

u（wu）

［解説］

　単母音［o］の要領で唇に軽く力を入れ、前に**突き出してすぼめる**。

［ヒント］

- ・［o］が口を丸めて中心があいているのに対し、ぐっと唇を寄せてすぼめる。そのため口内のスペースは狭く、こもった音になる。
- ・前に子音が来ない時（声母がゼロの時）は wu と綴る。

ü（yu）

［解説］

　ウムラウト[3]のU。上下の唇を寄せ、外側にやや反り返る形に構え、唇の狭い隙間で音を振動させ、ビブラートをかける。

［ヒント］

- ・唇に横笛をあてるイメージで。あるいは［i］を発音しながら、口をすぼめてみる。また「ヒュッテ」の「ュ」も感じをつかみ易い。
- ・前に子音が来ない時（声母がゼロの時）は yu と綴る。

3　語源はドイツ語の umlaut。ビブラートのかかった変母音。

er

［解説］

　［ｅ］の発音に続いて舌をそりあげる。

［ヒント］

　・［ｅ］の音が出ると同時に舌をそり上げる。一音であることに注意。

　・舌先はどこにも着かない。

　・他の単母音と異なり、子音とは結びつかず、単独でのみ登場する。

第3課 声調

　中国語はよく音楽的言語と言われますが、その特徴の重要な要因は「声調」です。日本語は一音が比較的短く、単語を形成したときに強弱（アクセント）が発生しますが、中国語は一音が比較的長く、一音ごとに調子を持ちます。「普通話」には「声調」が４種類あり、これを「四声」と呼びます。

　以下に示す音の「高低」は自身が出す音域の中での相対的な高低です。

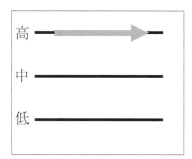

第一声

[解説] 高く平らにのばす。

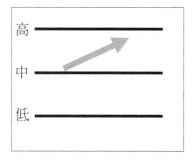

第二声

[解説] 45度をイメージして一気に引き上げる。

[ヒント]「エエッ」と聞き返す感じ。低音から始める。顎を引いて上に上げてみる。

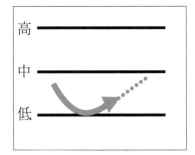

第三声

［**解説**］中音から始め、最低音まで下げて後は脱力し自然に上げる。

［**ヒント**］**高めから発音**すると低音が出やすい。**発声してから顎を引いて**最低音（**第三声の谷**）に達したら、脱力して顎を上げる。

「全三声」

第三声の**本来の形**（上記）。第三声が単独で登場する時や、第三声で終わる時にはこの形。

四声の中で最も発音にかかる時間が長い。

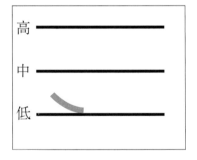

「半三声」

［**解説**］第三声の**半分の形**。第三声の次に別の音節が続く時はこの形。

［**ヒント**］**第三声の谷**まで降りたら音を切る。それから次の音を発声。こうすることで、半三声が第二声のように聞こえることを防げる。

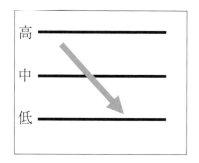

第四声

［解説］45度をイメージして一気に引
　　　　き下げる。

［ヒント］「からすがカァ」と言う時
　　　　　の感じ。

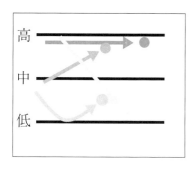

軽声

［解説］声調を失った短く軽い音。

［ヒント］軽声は単独で登場すること
　　　　　はなく、必ず他の音節に続く形で登
　　　　　場する。前の音節に軽く短く添える
　　　　　要領で発音する。そのため音の高さ
　　　　　は前の音節の声調によって決まる。

声調符号をつける位置

声調符号は母音の上につけます。単母音の場合には、その上に。

複母音の場合には、**開口度順**に次の要領で付けます。

①a　　　…aがあれば**迷わずa**の上に符号を付けます。

②oかe　…［o］と［e］は一つの音節の中に同時に登場しない。**どちらかに付ける。**

③iかu　…［i］と［u］は一つの音節の中に同時に登場することがある。**後ろ**に来ている方に付ける。

＊軽声には声調符号をつけません。

例）liù

duì 　　＊ [i] に声調符号を付ける時は、上部の点を外して
　　　　　符号を付ける。

早口言葉に挑戦！

Māmā qí mǎ 　 mǎ màn, māmā mà mǎ
妈妈　　骑马，　马　慢，　　妈妈　　骂　马。…中国語・簡体字
媽媽　　騎馬、　馬　慢、　　媽媽　　罵　馬。…日本語・常用漢字

お母さん（が）馬に乗る（ったら）、馬（が）遅い（ので）、お母さ
ん（は）馬を叱る（った）

一口
メモ

　上の訳文に現れるように、中国語を日本語にする際には活用語
尾や助詞、接続詞などを補う必要が出てきます。日本語で補って
いる部分は中国語では**語順**によって表現されて
います。中国語は言語類型では典型的「孤立語」
で、語形変化がない、助詞や接続詞の使用が少な
いという特徴を持ちます。**漢文**（古典中国語文）
を思い出してみましょう。一方、日本語は単語を
結びつけ、文法的意味を表現する成分を持ってい
る「膠着語（こうちゃく）」です。

我ハ愛スレ汝ヲ

第4課　複母音

　単母音の次は、それらを組み合わせた複母音を学びます。複母音は中国語らしい音の響きを形成する主要な要素のひとつです。日本語にはないので、次の点に注意して練習しましょう。

　発音しながら**口の形を変える**と、当然**音も変わります**。単母音の時は、音が消えるまで口形を変えないようにするのに対し、複母音では母音が二つなら2段階、三つなら3段階と**母音の数だけしっかりと口形を作った上で各段階の音を繋げる**ことが大切です。

　複母音は**開口度**によって、以下の3タイプに分類されます。

第1グループ　＞型…しりすぼみ型

　前に開口度が大きい音、後ろに小さい音の組合せです。

ai

［解説］
　［a］で口を縦に開けた後、［i］に移行。
［ヒント］
　［i］は単母音の時ほど口を横に引かなくて良い。

ei

[解説]

　［e］は舌を前方に出したまま発音し、そのまま ［i］ に移行。

[ヒント]

　単母音 ［e］ は舌を奥に引くが、［ei］ では ［e］ の後ろに ［i］（舌が前）が続くため、**舌が後ろに下がる暇がなく**、［e］の**音色が変化**する。

ao

[解説]

　［a］で口を縦に開けた後、なめらかに ［o］ に移行。

[ヒント]

　縦に開けた口を前に絞る。唇に軽く力を入れ、**ねっとりと動かす**。

ou

[解説]

　［o］で前に丸く突き出した唇をそのまま**前方に突き出したまま中心の円をすぼめて** ［u］。

[ヒント]

　唇に軽く力を入れ、ねっとりと動かす。

第2グループ　＜型…すえひろがり型

前に開口度が小さい音、後ろに大きい音の組合せです。

ia（ya）

［解説］
　［i］の構え（横）から［a］（縦）へなめらかに移行。

ie（ye）

［解説］
　［i］の構え（口は横、舌は前）から［e］（口はやや縦に開く）へなめらかに移行。

［ヒント］
　［e］は［i］に引かれ、舌は前に出たまま→音色変化。

ua（wa）

［解説］
　［u］の構え（前）から［a］（縦）へなめらかに移行。

［ヒント］
　まず唇を丸く前に突き出し、次に縦へ。

uo（wo）

［解説］

　［u］の構えから［o］へなめらかに移行。

［ヒント］

　［u］で唇を**前に絞って**突き出し、次にやや**丸く開けて**［o］へ。

üe（yue）

［解説］

　［ü］の構えから［e］へなめらかに移行。

［ヒント］

　［e］は［ü］に引かれて、**舌は前に出たまま→音色変化**。

第３グループ　＜＞型…ひしもち型

　３つの母音からなる副母音で真中が最も開口度が大きいタイプです。

iao（yao）

［解説］

　［i］の構え（口は横に引き、舌は**前**）から［a］（口を**縦**に開ける）を経て、［o］（口を**前へ・絞る**）へなめらかに移行。

　・［ i ］の音はやや短め。

　・前に子音が来ない時（声母がゼロの時）はyaoと綴る。

iou （you）

[解説]

　［ i ］の構え（口は横に引き、舌は前）から［ o ］（口を前）を経て、［ u ］（前に突き出して窄める）

[ヒント]

　・［ i ］の音はやや短め。

　・第1声・第2声（音が短め）では主母音［ o ］が弱くなり、第3声・第4声（音が長め）では［ o ］が聞こえる。

　　　　→子音と結びつくと［ o ］が省略されて綴られる（＊消える［ o ］）

　・前に子音が来ない時（声母がゼロの時）はyouと綴る。

uai （wai）

[解説]

　［ u ］（前に突き出して窄める）の構えから［ a ］（口を縦に開ける）を経て、［ i ］（口は横に引き、舌は前）で終わる。

[ヒント]

　・前に子音が来ない時（声母がゼロの時）はwaiと綴る。

uei（wei）

［u］（前に突き出して窄める）の構えから ［e］を経て、［i］（口
は横に引き、舌は前）で終わる。
［ヒント］
・［e］は ［u］と ［i］に挟まれ、**舌は前に出たまま→音色変化**
・主母音の ［e］がやや弱いため、子音と結びつくと ［e］を省略
して綴る（＊消えるe）が、むしろ ［e］**を意識して**発音した方
がよい。ただし、第1声・第2声（音が短め）では微弱になる。
・前に子音が来ない時（声母がゼロの時）は**wei**と綴る。

第5課 子音1「唇音(しんおん)」

次は子音。子音は発音部位によって以下6グループに分類される。

子 音 表[4]

	無気音	有気音			
唇　　音	b(o)	p(o)	m(o)	f(o)	
舌 尖 音	d(e)	t(e)	n(e)		l(e)
舌 根 音	g(e)	k(e)		h(e)	
舌 面 音	j(i)	q(i)		x(i)	
そり舌音	zh(i)	ch(i)		sh(i)	r(i)
舌 歯 音	z(i)	c(i)		s(i)	

　第1グループの「唇音」は、上下の唇を使って出す音。以下の4種類がある。単母音［o］をつけて練習する。

無気音　b(o)

［解説］

　上下の唇を一旦合わせ、唇に力を入れ、母音で開ける。その時、溜まっていた**呼気を飲むように呼気を制御する**（無気音）。

［ヒント］

　唇に弾力をだして「**ねっとり**」と動かす。

4　発音練習は（　　）内の母音をつけて行う。

有気音　p(o)

［解説］

　ポジショニングは［b］と同じ。母音の前に**呼気を破裂**させる（**有気音**）。

［ヒント］

　閉じた両唇を呼気で破る時、頬が振動する感じがある。

m(o)

［解説］

　上下の唇を一旦合わせ、唇に力を入れ、母音で開ける。

［ヒント］

　母音で口をあける時、両唇を少し**内側へ吸い込む気分**で、「**ねっとり**」と動かす。

f(o)

［解説］

　上の前歯で下唇の内側を押さえて、**摩擦音**を出す。

〈注意点①消えるo〉

［解説］

　［iou］は前に子音が来ると主母音が弱くなり、ピンイン表記も**省略**される。

$$m + iou　（→miou）　→ miu$$

［ヒント］

・ピンイン表記から消えている o の音を加えるようにして発音する。

・表記から消えている主母音は第1声・第2声（短め）では弱め、第3声・第4声（音が長め）ではより聞こえやすい。

〈注意点②無気音と有気音〉

　中国語の子音には、この課で登場する［b］と［p］のように、「無気音」と「有気音」という対になる音の組合せがあります。この組合わせにある2つの音は、発音に使う発音器官の部位や発音時のポジショニングは同じですが、発音時の呼気のコントロールの仕方が異なります。

　まず、発音前のポジショニング段階で発音部位が接触したり近接したりして、口腔内に呼気が溜まっており、発音時に呼気が放出される音が響かないよう抑制する音を「無気音」、反対に呼気が放出される音を盛大に響かせる音を「有気音」と言います。

　この組合せにある音は、他に［d］と［t］、［g］と［k］などがあります。具体的な発音の要領はそれぞれの音が登場する課で説明します。

［音節の解説］

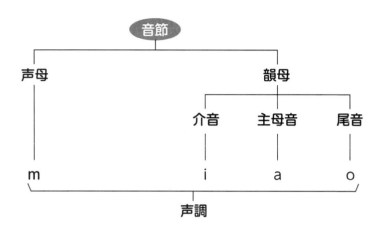

　中国語の音節は、「声母」「韻母」そして「声調」から成り立っています。

　声母とは頭につく子音のこと、韻母とはそれ以外の母音を含む部分を指します。韻母はさらに、「介音」「主母音」「尾音」の三つに分かれます。

　声母がないもの（例：iao）、介音がないもの（例：mao）、尾音がないもの（例：mie）など様々なタイプの音節がありますが、主母音は必ず備わっています。

第6課　子音2「舌尖音(ぜっせんおん)」

「舌尖」とは舌先のこと。「舌尖音」は舌先を上の前歯の裏の歯茎に一旦つけてから離して出す音。以下の4種類がある。単母音［e］をつけて練習する。

無気音　d(e)

［解説］

舌を持ち上げ、舌先を上の前歯の裏の歯茎に一旦つけた後、続く母音で引き剥がすように離す。その時に溜まっていた**呼気を飲む**ように（**無気音**）。

［ヒント］

・「舌先」とはいうが、「尖端」ではなく、**前面**を反らして**面**をつける感じ。

・呼気のコントロールがうまく出来ない時は**濁音**をイメージして。

有気音　t(e)

［解説］

ポジショニングは［d］と同じ。舌先を口蓋から離す時、母音の前に**呼気を破裂**させる（**有気音**）。

n(e)

［解説］

舌を持ち上げ、舌先を口蓋に一旦つけた後、続く母音で舌先を引き
剥がすように離して発音。

［ヒント］

・口蓋に着けるのは［d］［t］より狭く、舌の**尖端**。

・発音する時に**息を鼻に抜く（鼻音）**。

l(e)

［解説］

舌を持ち上げ、舌先を上の前歯の裏の歯茎に一旦つけた後、続く母
音で引き剥がすように離して発音。

［ヒント］

・歯茎に着ける舌の尖端は［n］よりやや狭い感じ。

〈注意点・消えるoとe〉

［解説］

［iou］［uei］［uen］は前に子音が来ると主母音が弱くなり、
ピンイン表記からも省略される（下記参照）。

〈dを例に〉

d ＋ iou （→diou） → **diu**

d ＋ uei （→duei） → **dui**

d ＋ uen （→duen） → **dun**

［ヒント］

・ピンイン表記から消えている o や e の音を加えるようにして
発音する。

・表記から消えている主母音は第1声・第2声（音が短め）では弱
め、第3声・第4声（音が長め）ではより聞こえやすい。

第7課　子音3「舌根音」

　舌根を持ち上げて口蓋に近づけ、溜まった呼気を制御して出す音。制御の仕方によって以下の3種類の音の違いが出る。単母音［e］をつけて練習する。

無気音 g(e)

［解説］

　舌根を持ち上げて口蓋に近づける（呼気が溜まる）。呼気を飲むように制御しながら、母音eで舌根を下げて［ge］。

［ヒント］

　息を制御する要領は「バッグ」の「グ」で。

有気音 k(e)

［解説］

　ポジショニングは［g］と同じ。呼気を破裂させながら、舌根を下げて［ke］。

［ヒント］

　呼気を破裂させる要領は「クックックッ」と笑う「ク」で。

h(e)

［解説］

　ポジショニングは［g］と同じ。呼気を狭くなった通り道から**摩擦音**を発しながら出し、[he]。

［ヒント］

　摩擦とは、寒い時に「ハァーッ」と手に息を吹きかける時のあの感じ。

〈注意点①g, k, h＋uei〉

［解説］

　[uei]は前に子音が来ると主母音［e］が弱くなり、ピンイン表記も省略される。kやhも同様（音節表参照）。

〈gを例に〉

g　＋　uei　（→guei）　→ **gui**

［ヒント］

・ピンイン表記から消えている［e］の音を加えるようにして発音する。

・表記から消えている［e］は第1声・第2声（音が短め）では弱め、第3声・第4声（音が長め）ではより聞こえやすい。

〈注意点②h+ua, uan, uang〉

［解説］

　［h］に続く時、［ua］で始まる母音は［u］の口形がゆるくなり、［o］に近い音になる。

〈注意点③摩擦音 f と h の違い〉

　［f］と［h］は摩擦する部位が異なる。日本語には［f］と［h］の区別がないため、両者とも曖昧に日本語のハ行に近くなりがちな点に注意！

　f：上の前歯で下唇の内側を押さえて、摩擦音を出す。
　h：舌を持ち上げ、**軟口蓋との間**を狭くして、摩擦音を出す。

［練習してみよう］
　　fēi（非）⇔ hēi（黒）　fāhuī（発揮）　héfǎ（合法）

第8課　子音4「舌面音（ぜつめんおん）」

　舌面をいったん口蓋につけて、溜まった呼気をコントロールして出す音。舌面を口蓋から離す時の呼気の制御の仕方によって以下の3種類の音の違いが出る。単母音［ｉ］をつけて練習する。

無気音　j(i)

［解説］
　舌尖を上の前歯の裏につけ、舌面を硬口蓋につけた後、舌を外して［ｊ］。

［ヒント］
　舌を外す時には呼気を飲むようにして、呼気が出ていく音が響かないように。

有気音　q(i)

［解説］
　［ｊ］と同じように構えた後、破裂する呼気で舌を外すようにして［ｑ］。

［ヒント］
　破裂音は、栓が開いて閉じ込められていた空気が勢いよく出るような感じで。

x(i)

［解説］
口を横に引き、舌は脱力しながら前方に伸ばして［x］。

〈注意点①３種類のⅰ ～その１～〉

［ⅰ］は、３種類の異なる音の表記に使われているため、注意が必要である。舌面音の後に続くのは単母音の［ⅰ］。残り２種類については後述する。

〈注意点②ウムラウト記号の表記〉

舌面音は単母音［ü］（ウムラウトのＵ）に続くが、単母音［u］には続かないため、［u］と［ü］を区別する必要がない。このため、［ü］のウムラウト記号は省略される。つまりju, qu, xuと表記される。一方、子音［n］［l］は単母音［u］と［ü］の双方に続くため、区別する必要があり、［ü］のウムラウト記号は省略されない（音節表を参照）。

第9課 子音5「そり舌音（じたおん）」

捲舌音（けんぜつおん）とも言う。舌先と歯茎の接触や、舌面と口蓋との接近によって生じるくぐもった音。中国語独特の響きを形成する。練習する時の母音［i］については〈注意点〉参照。

無気音 zh(i)

［解説］

・舌を持ち上げ、舌先を上の前歯の裏側の歯茎と硬口蓋との境目にあてる。

・舌先をわずかに外しながら、溜まった呼気を飲むように［zh］。

［ヒント］

・舌先を当てる位置：舌先で上の前歯の裏側をなぞっていく。裏側の歯茎に辿り着くと、舌先の接触面が表面から裏面に入れ替わるポイントがある。そこが舌先をあてがう点である。

・舌本体は動かさない！：発音の際は舌先の接触面をわずかに剥がすような感じで。舌本体は持ち上げたままで動かさない。

・上下の歯の接近に注意！：発音の際に上下の歯が接近し過ぎていると歯の振動音が入るので、心持ち離すようにする。

有気音 ch(i)

[解説]

　発音前の舌の構えは［zh］と同じ。舌先を外し、**呼気を破裂**させながら［ch］。

[ヒント]

　呼気は舌面の**上と両脇**から盛大に音をたてながら出す。**下腹がへこ**むのを意識してみる。

sh(i)

[解説]

　舌を持ち上げて、口蓋と舌面との間に出来た**平らな隙間**から息を軽く**摩擦**させながら出す。

[ヒント]

　舌先は［zh］と同じ点を意識するが、後に続く韻母によって舌先の接触の度合は異なる。ほとんど触れないように感じる音もある。個別によく練習。

r(i)

[解説]

　発音前の舌の構えは［sh］と同じ。そこから舌をやや奥よりに引いて、**声帯を震わせて**［r］。

[ヒント]

　［sh］を長く発音すると、その**延長線上**で［r］の音が出る。

〈注意点・３種類のｉ 〜その２〜〉

　［i］は、３種類の異なる音の表記に使われているため、注意が必要である。そり舌音zh, ch, sh, rに続く［i］は、単母音の［i］ではなく、そり舌音の延長音である。

第10課　子音6「舌歯音（ぜっしおん）」

　舌先を歯の裏側に一旦着けるか、近づけて出す音。練習する時の母音［ i ］については〈注意点〉参照。

無気音 z(i)

［解説］
　・口を左右に引く。舌は脱力して前に伸ばす。
　・舌先を一旦上の前歯の裏に軽くはじくように当て、離して［ z ］。
［ヒント］
　・「グッズ」の「ズ」。発音する時には舌先は離れている。
　・溜まった呼気は内側に飲むように。

有気音 c(i)

［解説］
　［ z ］と同じように構えた後、舌先を外し発音する時に、呼気を舌の上や左右から強く音を響かせながら解放する 。

s(i)

[解説]

　[z] と同じように構えるが、**舌先**は歯の裏に近づくものの少し**手前**で止まって [s]。

〈注意点①３種類の i　〜その３〜〉

　[i] は、３種類の異なる音の表記に使われているため、注意が必要である。舌歯音 z, c, s に続く [i] は、単母音の [i] ではなく、舌歯音で口を横に引いて出る音。

〈注意点②zi, ci, si　と　zu, cu, su〉

・舌歯音は一見簡単そうだが、実は日本語話者には注意が必要な音。
・特にzi, ci, siとzu, cu, suの区別が難しい。
・聞き分けの前にしっかり発音し分けることを目指そう。
・zi, ci, siは口を「**横に引く**」、zu, cu, suは「**口**を**前に絞る**」。
　＊日本語の習慣からどちらも曖昧に緩みがちになり、音の**区別**がつかなくなる。
・後ろに続く韻母によって**口形**をしっかり作って発音しよう。

第11課　鼻母音（上）

　中国語の韻母には-n、-ngで終わるものがあります。これらを**主母音**[5]によって3つに分類します。

a系列

　［a］を主母音に持つ音のグループを「a系列」とします。以下の7音あります。

an

［解説］
・［a］を発音した後、**舌先を上の前歯の裏の歯茎**に押し付けて［n］。
・舌先が着くと、音の響きが止まるので、次の［ang］に比べて**音は短め**。

［ヒント］
「案内」の「あん」の要領。

5　主母音については、第5課「音節の構造」参照。

ang

[解説]

[a] を発音した後、**舌根を軟口蓋**に当てる。舌先はどこにも着けない。

[ヒント]

・[a] → [ng] のように、**2音節の積り**で発音すると**鼻音 [ng]**
が出やすい。

・最初に口を縦に開けたら、口は終始大きく開けたまま。鼻音
[ng] が消えてから口を閉じる。

・このため [an] に比べて**音は長め**。

・「案外」の「あん」の要領。

ian（yan）

[解説]

[i] → [an] と続ける。

[ヒント]

・[a] は [i] と [n]（共に**舌が前方**に来る音）に挟まれて、口
が縦に開き切らないために**音色が変化**。

・前に子音が来ない時（声母がゼロの時）は**yan**と綴る（「音節表」
参照）。

iang （yang）

［解説］

　[i] → [ang] と続ける。

［ヒント］

・[i] で始まり [ng] で終わる音は、[ng] を発音するために舌
　が奥へ行くため、頭の [i] は**短く**なり、一瞬の摩擦音のように
　なる。

・前に子音が来ない時（声母がゼロの時）は**yang**と綴る（「音節
　表」参照）。

uan （wan）

［解説］

　[u] → [an] と続ける。

［ヒント］

・前に子音が来ない時（声母がゼロの時）は**wan**と綴る。この時
　の [u] はやや子音的。

uang （wang）

［解説］

　[u] → [ang] と続ける。

［ヒント］

・前に子音が来ない時（声母がゼロの時）は**wang**と綴る。この時
　の [u] はやや子音的。

üan（yuan）

［解説］

[ü] → [an] と続ける。

［ヒント］

・ここの [a] は [ian] と同じように、**音色が変化する**が、単母音 [a] のように発音されることも少なくない。

・これは、対立する [uang] という音がないことから、[ian] と [iang] のように厳密に区別する必要がなく、**音の許容幅が広い**ためである。

・前に子音が来ない時（声母がゼロの時）は**yuan**と綴る。

〈注意点① [-n] [-ng] の見分け方のヒント〉

漢字を日本語で音読してみましょう。

[-n] の場合、ほぼ例外なく「ン」で終わります[6]。

    例）飯fàn-ハン

[-ng] の場合は「イ」か「ウ」で終わります。

    例）明míng-メイ、放fàng-ホウ

〈注意点② [huan] [huang] の中の [u] の音色変化〉

第7課「舌根音」の「注意点②」を参照して下さい（「音節表」も参照）。

---

6 「行灯」（アンドン）の「灯」（dēng）など、まれに方言を反映すると思われる例外もある。

第12課　鼻母音（下）

e系列

次は、[e] を主母音に持つ e 系列です[7]。

en

［解説］
- ・[e] → [n] と続けるが、[n] が後ろにあるために、[e] を発音する時も舌は後ろに下がらず、**前に伸ばしたまま**。
- ・このため [e] の**音色が変化**する。

［ヒント］
- ・[n] で**舌先**をしっかり**前歯の裏**に着けて**音を止める**。
- ・舌先が着くと、音の響きが止まるので、次の [eng] に比べて音は**短め**。

eng

［解説］
　[e] → [ng] と続ける。
［ヒント］

7　主母音については、第5課「音節の構造」参照。

- ・ここでは後ろに続くのが［ng］なので、［e］を発音する時から**舌は後ろに下がる**。
- ・このため［e］は本来の音になる。
- ・［eng］は［en］に比べて音が**長め**。
- ・［en］と［eng］を対にして、［e］の音色の違いをしっかり習得する。

in (yin)

［解説］

　［i］→［n］と続ける。

［ヒント］

- ・［n］で**舌先をしっかり前歯の裏に着けて音を止める**。
- ・舌先が着くと、音の響きが止まるため、次の［ing］に比べて音は**短め**。
- ・［i］と［n］の間に［e］が**隠れている**。つまり［ien］。［e］を**意識**して発音すると効果的。
- ・前に子音が来ない時（声母がゼロの時）はyinと綴る（「音節表」参照）。

ing (ying)

［解説］

　［i］→［ng］と続ける。

［ヒント］

- ・［i］で始まり［ng］で終わる音は、［ng］を発音するために**舌**

が奥へ行くため、頭の［i］は短くなり、一瞬の摩擦音のように
なる。

・［i］と［ng］の間に［e］が隠れている。つまり[ieng]。［e］
を意識して発音すると効果的。

・前に子音が来ない時（声母がゼロの時）はyingと綴る（「音節表」
参照）。

uen（wen）

［解説］

　［u］→［en］と続ける。

［ヒント］

・前に子音が来ると、［e］を省略して[un]と綴るが、［e］を意
識して発音すると良い。

・前に子音が来ない時（声母がゼロの時）はwenと綴る。この時
［u］は短め（「音節表」参照）。

ueng（weng）

［解説］

　［u］→［eng］と続ける。

［ヒント］

・前に子音が着くことがない（「音節表」参照）。

・単語としては［weng］と綴る。

ün (yun)

［解説］

　［ü］→［n］と続ける。

［ヒント］

・［ü］と［n］の間に［e］が隠れている。つまり［üen］。［e］
　を意識して発音すると良い。

・発音しながら口形を変化させることで、変化していく音色に注
　意。

・［n］で舌先をしっかり前歯の裏に着けて、音を止める。

・前に子音が来ない時（声母がゼロの時）はyunと綴る（「音節表」
　参照）。

O系列

　最後は［o］を主母音に持つo系列です。

ong

［解説］

　唇を丸め（前に出す）、ほほを窪ませて、［o］→［ng］と続ける。

［ヒント］

・唇を前方に突き出すことで、[eng]との区別をはっきりさせる。

・［o］の音は鼻に抜ける感じ。鼻音の響きを聞く。

・必ず前に子音がつく（「音節表」参照）。

iong (yong)

［解説］

　［ i ］→［ong］と続ける。

［ヒント］

　・［ i ］で始まり［ng］で終わる音は、［ng］を発音するために舌
　　を奥へ引くため、頭の［ i ］は短くなり、一瞬の摩擦音のように
　　なる。

　・前に子音が来ない時（声母がゼロの時）はyongと綴る。この時
　　の［ i ］は短く、子音的（「音節表」参照）。

第13課 変調およびその他のルール

1、声調の変化

　以下のような声調の変化が起こる場合、声調符号は変化した声調で表記するのが基本。但し、1）の第3声の変調の場合のみ声調符号は元のままである。

1）第3声が連続する際の変調

nǐ hǎo
你 好

　このように第3声が連続する際には、発音の便から、前の音が第2声に変調する。

nǎ li
哪 里　…里（裏）はもともと［lǐ］（第3声）

　また、後ろに続く音が軽声化している場合も元の声調に従って変調が起こる。

2）数詞［一］の声調変化

　以下に示すように、第4声の前では第二声に、それ以外では第4声に変調する。

後ろが第一声：一千（qiān）… yì
　　　第二声：一年（nián）… 〃
　　　第三声：一百（bǎi）　… 〃
　　　第四声：一万（wàn）… yí

　また、後ろに続く音が軽声化している場合も元の声調に従って変調が起こる。

　　yí ge
　　一个　…个（個）はもともと［gè］（第４声）
　　しかし、［一］が序数として使われれる時には変調しない。
　　一月yī yuè　⇔　一个月yí ge yuè

３）否定の副詞［不］の声調変化

　［不］（bù）は後ろに第４声が来ると、第２声に変調する。

　［不］（bù）＋［对］（duì）→　不对［bú duì］

２、儿化

　音節の末尾で舌をそり上げる。北京語に特徴的な現象であるが、「普通話」にも一定程度入っている。
　多くの場合、儿化の有無で単語の意味に大きな変化は発生しないが、儿化によって起こる変化には、主に以下のものがある。

１）可愛いらしい感じが加わる。

　　小猫xiǎo māo → 小猫儿xiǎo māor（こねこちゃん）

花huā →花儿huār（おはな）

順shùn →順儿shùnr（順ちゃん）

＊動物や人間の子供などに「小さくて愛らしい」という気持ちを
込める場合が多い。

2）音色が変わる。

・［n］で終わる音の場合、［n］を飛ばして発音：

順shùn →順儿shùnr

・［i］で終わる音の場合、［i］を飛ばして発音：

小孩xiǎohái→小孩儿xiǎoháir

・［ng］で終わる音の場合、鼻音化して発音：

有空yǒu kòng→有空儿yǒu kòngr

3）品詞が変わる。

盖gài（v）、盖儿gàir（n）　…盖盖儿gài gàir（ふたをする）

画huà（v）、画儿huàr（n）　…画画儿huà huàr（絵を描く）

3、軽声

1）軽声化によって語感が軽くなるなどの変化はあるが、多くは意味
に大きな変化はない。

早上好！zǎoshàng hǎo → zǎoshang hǎo

2）3音節の単語などにおいてリズムをとる。

対得起duì de qǐ（肯定形）⇔ 対不起duì bu qǐ（否定形）

3）意味の変化が起こる。

地方dìfāng（地域としての地方）→ dìfang（中央に対する地方）

东西dōngxī（東と西）→ dōngxi（しなもの）

発音器官図

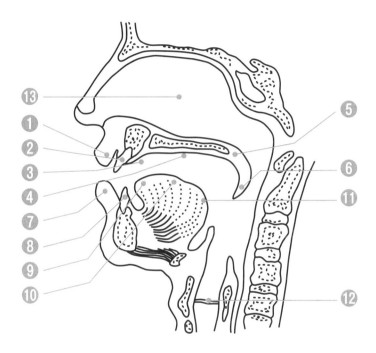

❶ 上唇	Upper Lip	上唇	
❷ 上齒	Upper Teeth	上歯	
❸ 牙床	Teeth-ridge	歯ぐき	
❹ 硬腭	Hard palate	硬口蓋	
❺ 軟腭	Soft Palate	軟口蓋	
❻ 小舌	Uvula	喉彦	
❼ 下唇	Lower Lip	下唇	
❽ 下齒	Lower Teeth	下歯	
❾ 舌尖	Tip of Tongue	舌尖	
❿ 舌面	Blade of Tongue	舌面	
⓫ 舌根	Back of Tongue	舌の後部	
⓬ 声帯	Vocal Cords	声帯	
⓭ 鼻腔	Nasal Cavity	鼻孔	

発音総仕上げのてびき

f-h （摩擦音2種）

fū（夫）- hū（呼）　fēi（非）- hēi（黒）　fāhuī（发挥）　héfǎ（合法）

摩擦の部位の違い。日本語のハ行との区別。口形をしっかり作ること。

b-p （唇音：無気音—有気音）

bān（班）- pān（潘）　bízi（鼻子）- pízi（皮子）　pùbù（瀑布）

(en-eng) bèn（笨）– bèng（蹦）　pén（盆）– péng（棚）

無気—有気の区別。唇の弾力性。

uei （消えるe）： d ＋ uei → (duei) → dui

duì（对）- tuì（退）　guì（贵）- kuì（愧）　huì（会）

表記から消えている e を響かせる。u の口形をしっかり作る。

uen （消えるe）： d ＋ uen → (duen) → dun

dūn（蹲）　sūn（孙）　gùn（棍）　cūn（村）　chūn（春）

表記から消えている e を響かせる。u の口形をしっかり作る。

iou （消えるo）： d ＋ iou → (diou) → diu

diū（丢）　qiū（秋）　xiū（休）　liū（溜）

表記から消えている o を響かせる。3段階の口形をしっかり作る。

h + ua… （uの音色変化） hua （花）　huan （欢）　huang （荒）

hの摩擦音を響かせる。uの音色変化を押さえる。

ian-iang （鼻母音a系列…aの音色変化）

qián （钱）- qiáng （强）　xiān （先）- xiāng （香）
nián （年）- niáng （娘）
n - ngの舌の位置＆音の長短の違い、aの音色変化を押さえる。

en-eng （鼻母音e系列…eの音色変化）

fēn （分）- fēng （风）　rénshēn （人参）- rénshēng （人生）
n - ngの舌の位置＆音の長短の違い、eの音色変化を押さえる。

si-su, zi-zu, ci-cu （舌歯音＋i, u　＊「3つのi」に注意）

sì （四）- sù （素）　　zī （姿）- zū （租）　　cì （次）- cù （醋）
iとuの口形をしっかり作る。cu（cとuの間の破裂音）に注意。

z-zh, c-ch, s-sh　（舌歯音―そり舌音）

zū （租）- zhū （朱）　cū （粗）- chū （出）　sān （三）- shān （山）
zázhì （杂志）　　cáichǎn （财产）　　sìshí （四十）

zh-ch-sh （そり舌音）

zhànzhēng （战争）　zhèngshì （正式）　chēzhàn （车站）
shēngchǎn （生产）

r-l（そり舌音—舌尖音）

lè（乐）- rè（热）　　luò（落）- ruò（弱）　rìzi（日子）- lìzi（例子）

rìlì（日历）　　　　rénlèi（人类）

数詞

yī　èr　sān　sì　wǔ　liù　qī　bā　jiǔ　shí
一　二　三　四　五　六　七　八　九　十

一の声調。五のuの口の絞り。六・九の消えるo。

早口ことば

①Māma qímǎ, mǎ màn, māma mà mǎ。
　妈妈　　骑马，马　慢，　妈妈　　骂　马。

②Shísì shì shísì, sìshí shì sìshí,
　十四 是 十四，四十 是 四十，
　shísì búshì sìshí, sìshí búshì shísì。
　十四 不 是 四十，四十 不 是 十四。

③Zhī zhī wéi zhī zhī , bùzhī wéi bù zhī , shì zhī yě。
　知 之 为 知 之，不 知 为 不 知，是 知 也。（『論語』為政篇）

④Nǐ qù Wǔhàn, wǒ chī wǔfàn。
　你 去 武汉，　我　吃　午饭。

編著者：田宮昌子（宮崎公立大学教授）

劉薇（宮崎公立大学非常勤講師）

模範音：陳寧・劉薇（女声）

畢孝松（男声）

メディア教材制作：㈲凱希メディアサービス

冊子制作・発行：鉱脈社

本教材の開発に至るには、長年の教学の中で先行する多くの中国語発音教材を
参照し、多大な恩恵を受けた。以下に主なものを挙げて謝意を表したい。

山下輝彦監修・解説『話してみよう中国語　発音マスター編』アスク、1996年
相原茂『中国語発音入門ビデオ　快音』朝日出版社、2001年
相原茂『発音の基礎から学ぶ中国語』朝日出版社、2003年

中国語発音完全攻略
楽しく正しく美しく！

メディア教材
（解説冊子付）

2023年3月1日 初版印刷
2023年3月13日 初版発行

編著者　田宮昌子・劉 薇 ©

発行者　川口敦己

発行所　鉱脈社
〒880-8551 宮崎市田代町263番地　電話0985-25-1758
郵便振替 02070-7-2367

印刷・製本　有限会社 鉱脈社